GUIDE DU VOYAGEUR

AUTOUR

DU SALON

DE

CRIQUEBOEUF

PAR

Le Dr Isidore LE-GOUPILS

FALAISE

IMPRIMERIE TROLONGE-LEVAVASSEUR

Place Sainte-Trinité, 13.

1868

GUIDE DU VOYAGEUR

AUTOUR DU

SALON DE CRIQUEBŒUF

FALAISE, IMP. DE TROLONGE-LEVAVASSEUR. — 1868.

GUIDE DU VOYAGEUR

AUTOUR

DU SALON

DE

CRIQUEBOEUF

PAR

Le Docteur Isidore LE GOUPILS

FALAISE

IMPRIMERIE TROLONGE-LEVAVASSEUR

Place Sainte-Trinité, 13

1868

AUX FUTURS VISITEURS.

DU

MANOIR DE CRIQUEBŒUF

<hr>

« Rien n'est beau que le vrai, le vrai seul aimable.
» BOILEAU. »

Commençons par un aveu. Le vaste ensemble sculptural auquel M. Le Goupils a imposé le nom nouveau de *Catholicum*, parut en mai 1866, à l'exhibition régionale de Saint-Lo. Le public officiel, représenté par la Commission des Beaux-Arts, accueillit avec un suprême dédain, les 70 mètres superficiels de sculptures anciennes et modernes, qui avaient été coordonnées et disposées de manière à composer tout un poème à la fois historique et religieux.

Cette mésaventure livrait sans défense l'auteur et l'œuvre aux ricanements des personnes avides de chroniques scandaleuses : aussi la curée fut-elle chaude un moment. Piqué au vif et regimbant sous l'aiguillon, le docteur Le Goupils s'arma à son tour d'une plume qu'il trempa dans le fiel, et répondit aux détracteurs de son œuvre par un travail littéraire et de longue haleine, déjà publié dans le *Journal de l'arrondissement de Valognes*, sous le titre : *Le Catholicum divulgué ou Voyage autour de mon Salon.*

Toutes les descriptions destinées à servir de guide aux visiteurs du manoir de Criquebœuf sont empruntées en grande partie à cet immense travail, que l'auteur a bien voulu nous confier. Le docteur a-t-il réussi? a-t-il échoué? La réponse sera facile à tout lecteur. Pour nous, après la lecture du *Voyage autour de mon Salon*, après avoir visité avec le plus grand soin les sculptures réunies à Criquebœuf, nous nous sommes demandé comment il a pu se trouver des hommes d'un esprit assez béotien pour ne pas comprendre, et d'une foi assez prussienne pour ne pas approuver le *Catholicum*.

Les rieurs se sont, nous n'en doutons pas, tournés grande partie du côté de M. Le Goupils. — On m'a dit cependant que des écrivains avaient tenté... Mais le ciel est à tout le monde ; et le corbeau et l'aigle ont droit de se promener dans les plaines de l'air.

Il y aurait cependant injustice et ingratitude à ne pas constater que, dès Saint-Lo, l'œuvre de M. Le Goupils recueillit de nombreuses sympathies. Quelques journaux même voulurent bien en parler ; les uns sérieusement, les autres en mêlant la plaisanterie à la critique.

M. Levieux, écrivain distingué et plein de cœur, publia dans le *Phare de la Manche* (31 mai 1866) un article intitulé : *Quelques mots sur le Concours de Saint-Lo*, et, à l'occasion des Beaux-Arts, il se contenta de citer le nom de Le Goupils, et son nom seul. Il donna même une excellente description de sa Chrysalide et de son Connétable, chef-d'œuvre de sculpture et d'imagination.

M. L. P... écrivait dans le *Moniteur du Calvados* (7 juin 1866) : « On s'arrêtait avec curiosité dans un
» vaste espace carré, où M. le Goupils, maire de
» Sainte-Marie-du-Mont, avait disposé les boiseries
» qui forment chez lui dans son Salon une forme de
» galerie mystique. C'est un ensemble de lambris
» sculptés, originaux ou restaurés, assortis de façon
» à constituer une sorte de légende allégorique à
» laquelle M. Le Goupils, à la fois propriétaire et
» auteur, a donné le nom bizarre de *Catholicum*. Je
» n'en ai pas bien saisi le sens, mais il y a là, seu-
» lement au point de vue de l'art, des fragments
» très-remarquables. »

Aussi, M. Luchet, dans le *Siècle* (7 juillet 66), ne craignait-il pas de terminer un alinéa satirique (cela n'est pas étonnant) et assez pauvrement rédigé par ces mots : « Mais à coup sûr il y avait là-dedans des
» raretés d'un prix fou. »

Convaincu désormais de n'être pas le seul à accorder au *Catholicum* une certaine valeur artistique, le docteur Le Goupils a jugé convenable de l'installer dans le vieux manoir de Criquebœuf, *similis simili gaudet*. Les amateurs et les simples curieux peuvent en jouir dans la belle saison.

Arrivé là sans esclandre, au commencement de juillet 1867, le *Catholicum*, qui n'était pas encore complétement remis de ses fatigues de Saint-Lo, et, il faut le dire, des tracasseries qu'on lui avait prodiguées, rétablit complétement sa santé dans la charmante retraite de Criquebœuf, et après quelques semaines, il fut en état de recevoir de nombreuses visites. Les sympathies ont-elles été universelles, je n'oserais le dire ; mais en ami peut-être un peu aveugle, nous avons pris au sérieux certaines appréciations publiées dans les journaux de plusieurs localités, ou consignées sur un registre de visite que nous avons parcouru avec beaucoup d'intérêt.

Tous les visiteurs ont des droits aux remerciements et à la gratitude de l'auteur du *Catholicum* ; mais il m'est impossible, dans le cadre restreint que je me suis imposé, de citer les appréciations de tous. Qu'il me soit permis d'abord de reproduire ce que le docteur Boulay a publié dans la *Plage* de Trouville (29 septembre 67). « Au sein de cette re-
» traite délicieuse, disait l'écrivain en parlant de
» Criquebœuf, dans ce qui reste de l'ancien manoir,
» est venu planter sa tente un savant amateur d'an-
» tiquités, le docteur Le Goupils. Entrez sans crainte,
» savants et artistes, penseurs et simples curieux,
» le maître de céans se fera votre guide, et je vous
» l'assure, vous ne saurez quelle chose admirer le
» plus ou du talent de l'artiste ou de son amabilité
» et de son empressement à répondre à vos ques-
» tions, à vos doutes, ou de ces panneaux des xve et
» xvie siècles, si délicatement fouillés, de ces sta-
» tuettes noircies, de ces meubles anciens recons-
» titués avec un art et une patience infinis. Prenez-y
» garde pourtant, il vous arrivera plus d'une fois
» de rester en contemplation devant quelques pages
» de boiseries Moyen-Age ou Renaissance écrites
» hier par le docteur Le Goupils.

» Nous avons admiré là un buste de sainte Monique
» et une *Mater dolorosa* dont l'expression est ravis-

» sante de vérité ; mais ce que nous recommandons
» surtout aux amateurs, et ce qui est, selon nous,
» le morceau capital de la collection, c'est l'en-
» semble des panneaux qui ont trait au Connétable
» de Bourbon. »

Quelques jours plus tard, M. Odelin publiait, dans le *Monde*, un article intitulé : *Le Catholicum, sculptures sur bois du docteur Le Goupils*. Dirai-je à M. Odelin que son article est parfaitement pensé et non moins bien écrit : on pourrait m'accuser de donner le coup d'encensoir, et je confesse, que j'ai toujours passé pour médiocre dans l'art de faire des compliments. Quoi qu'il en soit, on peut lire dans cet article :

« Qu'est-ce donc que le *Catholicum ?*

» Catholicum signifie chose universelle, et certes
» la détermination est on ne peut plus heureuse. Ce
» qui fait l'éloge du *Catholicum*, c'est que ce n'est
» point un musée, une collection plus ou moins
» curieuse de pièces détachées, mais une réunion
» d'œuvres qui se tiennent, grâce à l'esprit ingé-
» nieux et chercheur de M. Le Goupils ; en un mot,
» son Salon représente une sorte de galerie allégo-
» rique et mystique. Il y a, toutefois, deux parties
» bien distinctes, la partie ancienne et la partie
» moderne.

» La première, sauf une très-belle *Mater dolorosa*
» du XIIIe siècle et une magnifique console du temps
» de Louis XIV, se compose de sculptures sur bois
» du XVIe siècle, rassemblées par les soins et la pa-
» tience de cet artiste amateur. Parmi les lambris,
» panneaux et autres boiseries de cette époque, je
» distinguai surtout deux pièces ; l'une, paraît être

» l'œuvre du célèbre Jean Goujon; c'est une Immor-
» talité : drapée dans un linceul que le vent agite et
» qui semble déjà se détacher de ses épaules, elle
» paraît quitter la terre et s'élever au ciel. L'autre,
» est d'un auteur inconnu et porte le nom de Bahut
» du Connétable; cette œuvre, la plus remarquable,
» retrace la lutte déplorable de la reine Louise de
» Savoie et du Connétable de Bourbon...

» Jusqu'ici nous avons vu l'artiste amateur réunis-
» sant les pièces et retrouvant, à l'aide de recherches
» intelligentes, le sujet qu'elles en expriment.

» Voyons maintenant l'œuvre originale du doc-
» teur Le Goupils, le *Catholicum* proprement dit,
» c'est toute la religion en sculptures sur bois..... »

Arrivons à M. Ruel, homme gracieux, poète aimable, écrivain spirituel. Il a improvisé, pour l'auteur du *Catholicum*, un sonnet (ce mets des dieux et
des têtes couronnées) dont je me garderai bien de
faire l'éloge à mes lecteurs et lectrices. J'aime mieux
le leur servir tout chaud.

SONNET.

« Ton œuvre, ô Le Goupils ! à celui qui l'admire
» Atteste du Chrétien et l'esprit et la foi.
» Sur l'autel parfumé par l'encens et la myrrhe,
» L'Art sublime et naïf t'a révélé sa loi.

» D'un siècle railleur l'ironique sourire
» Ne saurait t'ébranler, le ciel est devant toi.
» Ton ciseau primitif a fait vibrer ma lyre,
» Et le poète obscur partage ton émoi.

» Lorsque à mes yeux tu fais revivre les Prophètes,
» Des Apôtres suivi conjurant les tempêtes,
» Je te salue, artiste ! et t'honore, penseur !

» Du haut de la falaise, au milieu du silence
» J'entends mugir la mer et mon âme s'élance
» Vers le Dieu tout puissant, ineffable douceur. »

Non content d'avoir consigné cette pièce sur le précieux livre de M. Le Goupils, il a poussé la courtoisie jusqu'à la faire reproduire avec de savantes observations par le *Journal de Honfleur*, et par la feuille d'Annonay, à laquelle il donne assez souvent ses pages si délicatement écrites. Prenez garde, M. Ruel, vous pourriez vous compromettre. Craignez l'ancienne Commission des Beaux-Arts de Saint-Lo.

Or, vous avez écrit (4 octobre) les réflexions suivantes : « J'ai eu la bonne fortune de visiter et d'ad-
» mirer tout à mon aise, à plusieurs reprises, un des
» musées les plus curieux et les plus rares qu'il soit
» possible d'imaginer.

» Figurez-vous une collection de bahuts et de
» médaillons sur bois de toutes les époques, auxquels
» l'érudition de l'heureux collectionneur assigne une
» date et une origine certaines, en même temps qu'il
» découvre par des déductions non moins savantes
» que rationnelles, le sens mystérieux et symbolique
» de l'admirable composition qu'on a sous les yeux.

» Le *Catholicum*, tel est le titre générique donné
» par l'artiste collectionneur à l'œuvre remarquable
» réunie et créée par ses soins et dans laquelle on ne
» sait qu'admirer le plus de la richesse des détails,
» ou de l'harmonie de l'ensemble.

» L'analyse de ces trésors exigerait des volumes
» que leur savant propriétaire et habile auteur est
» seul en état d'écrire, ce qu'il a fait en partie déjà
» dans des feuilletons pleins de verve et d'érudi-
» tion, publiés par le *Journal de l'arrondissement de
» Valognes*. »

. . . .

En vérité, je n'y comprends plus rien, bon Monsieur Ruel ; mais n'avez-vous point vu quelque chose d'extraordinaire en l'artiste auquel vous avez adressé un sonnet ? Ne vous êtes-vous point aperçu de rien ? Là, dites-le moi franchement. N'avez-vous point remarqué que..... (ah ! mon Dieu, comment dire)... que... le cerveau ? non... la tête... non, non, l'esprit ? — Mais non ; mais si ; enfin, c'est cela pourtant, qu'il est un peu toqué ? — Dieu soit loué, si vous n'en avez réellement rien vu, la guérison de mon ami est peut-être facile. Mais, hélas ! je dois le dire, la chose est malheureusement trop vraie ; demandez-le plutôt, cher poète, à tel homme dont l'auteur du *Catholicum* parle souvent dans son grand ouvrage, mais qu'il n'a jamais nommé.

Le seul moyen de ne commettre aucune partialité, de n'être oublieux ni injuste envers personne, ce serait de transcrire en entier le *Journal des visites à Criquebœuf* ; mais, ainsi que je l'ai déjà dit, il faut savoir se borner. Ma prose ennuierait le lecteur. Je veux cependant ajouter aux savants témoignages déjà cités d'autres appréciations, qui, pour être plus courtes, sont bien flatteuses pour notre ami.

Une femme, au sentiment artistique, termine son impression par ces paroles, qui peignent bien d'ailleurs le caractère de son sexe : « Je ne dis pas » c'est beau, c'est au-dessus du beau. »

O femmes que je vous reconnais bien là ! toujours les extrêmes !

Un inspecteur général des ponts-et-chaussées, dit : « J'ai eu la bonne chance de pouvoir admirer » l'œuvre de M. Le Goupils, et je ne fais qu'expri- » mer ma pensée en lui disant qu'il réunit les qua-

» lités de l'artiste dans la plus haute acception du
» mot, puisqu'il joint à l'esprit qui conçoit d'une
» manière si élevée, la main qui exécute avec tant
» de bonheur.

Le quatrain suivant rend un peu la même pensée :

    « Le parfum de la Foi, le Goût et l'Harmonie
    » Respirent sur ce bois et lui donnent la vie ;
    » L'idée, artiste heureux, jaillit sous ton ciseau
    » Et par toi l'art ancien lutte avec l'art nouveau. »

Ce n'est donc point tout à fait sans raison si ce
savant critique a tracé de sa main : « Si le nouveau
» se trouve mêlé à l'ancien, l'archéologue est bien
» embarrassé de distinguer l'un et l'autre, puisque
» l'auteur a su se pénétrer de l'esprit des époques
» et peut-être même de la foi qui animait l'âme de
» l'artiste dont la main a laissé après lui une sculp-
» ture où l'originalité a imprimé un cachet que nous
» cherchons en vain aujourd'hui et dont le manque
» empêche la création d'un style quelconque. »

Voici maintenant une sentence laconiquement
formulée (il ne faut pas s'en étonner), elle est écrite
par un magistrat : « Études sérieuses du passé, tra-
» vail consciencieux et succès. »

Un visiteur nous dit : « J'ai admiré dans cette
» collection le travail patient de l'archéologue, uni
» au génie créateur de l'artiste et j'ai pu constater
» que, dans les sujets ici représentés, ce qui brille le
» plus c'est ce qui fait défaut partout ailleurs, je
» veux dire l'idée. »

Ceux-ci nous affirment que « la collection du
» docteur Le Goupils a de quoi satisfaire les goûts
» de l'artiste le plus difficile. L'interprétation qu'il

» sait donner à chaque sujet dénote chez lui des con-
» naissances archéologiques et historiques les plus
» étendues. »

C'est ce qui fait dire à ce nouveau visiteur : « Poésie,
» science profonde de l'antiquité et du Moyen-Age,
» explication ingénieuse de ce qui semble un mys-
» tère pour le vulgaire, c'est ce que l'on voit et en-
» tend ici. »

Ces ecclésiastiques déclarent « sortir édifiés du
» musée religieux de M. Le Goupils, c'est l'Écriture-
» Sainte en relief. »

Les lecteurs peuvent comprendre que ce nouveau
visiteur, homme de lettres distingué, ait pu écrire :
« Je reste confondu devant les trésors amassés par
» M. Le Goupils. J'admire aussi son travail person-
» nel ; son ciseau, un peu inexpérimenté peut-être,
» ressemble à s'y méprendre à un instrument du
» xve siècle, et pourrait nous donner le change s'il
» n'y mettait tant de bonne foi. Mais ce que j'admire
» surtout en M. Le Goupils, c'est son ingéniosité
» dans l'explication symbolique des mystères an-
» tiques. On dirait à l'entendre qu'il a surpris le
» secret des sculpteurs du xvie siècle. »

Écrivez maintenant, charmante visiteuse, cette
vérité, que, si vous l'aviez mise en pratique, nous
aurait privé d'entendre votre douce voix : « L'admi-
» ration est muette. »

Ce nouveau visiteur termine d'une manière lyrique :
« Courage, cher docteur, vous avez reçu le baptême
» de l'artiste ! Puissent nos faibles éloges vous faire
» oublier les injustices dont vous avez été victime !
» Courage, et

> Versez des torrents de lumière
> Sur vos obscurs blasphémateurs. »

Des archéologues éminents ont formulé ainsi leur jugement : « Le manoir de M. Le Goupils que nous » venons de visiter est un écrin qui contient des » raretés que son propriétaire a accumulées avec » autant de science que de bon goût. »

Peut-être comprendra-t-on maintenant l'explication de cette nouvelle impression, que je veux citer la dernière :

« La Foi a seule créé les merveilles de l'art chré
» tien, et depuis qu'elle s'est affaiblie dans le monde,
» le génie qu'elle avait enfanté semble s'être éteint ;
» M. Le Goupils s'est inspiré de la ferveur de ses
» plus illustres devanciers, et puisant au même
» foyer, il en a fait jaillir les mêmes rayons. Il a
» suivi nos gloires religieuses les plus pures dans
» les voies de Dieu ; il les a égalées dans la per
» fection de leurs œuvres ; il en dépassera un grand
» nombre dans leur renommée. »

Ch. Manoury.

AU DOCTEUR LE GOUPILS

Auteur du CATHOLICUM

Être en butte aux dédains d'une foule insensée
Voir ton œuvre, ô savant, par les sots méprisée,
    Ce fut là ton destin.
Ah ! porte haut ton front, relève ton courage
Car il est des amis pour consoler le sage,
    Et lui tendre la main.

As-tu donc oublié que le cours de la vie
Est bien souvent terni par les eaux de l'Envie ?
    Grave bien dans ton cœur
Et le nom de Puget, et celui de Molière,
Et de bien grands encor dont l'existence entière
    Fut vouée au malheur.

L'artiste a ses amis ; mais il a son génie,
Qui l'inspire à toute heure et le guide en la vie,
    Comme un divin flambeau,
Il te donna le goût des figures antiques,
C'est lui qui te dicta tes pages symboliques,
    Dirigea ton ciseau.

A tes nobles travaux, il faut rester fidèle ;
Reprends donc ton compas, la critique cruelle
    Se taira maintenant ;
Et souviens-toi toujours que le ciel sans nuage
Fait bien vite oublier les soucis de l'orage
    Au marin patient.

— XIII —

De ton divin talent, tu n'es plus le seul maître,
Il appartient au siècle, ami, qui t'a vu naître,
    Et qui t'a vu grandir.
Non, non, ta mission n'est pas encor remplie,
Vois ta muse, elle sourit, elle te fortifie,
    Te montre l'avenir.

La gloire te suivra, plusieurs te l'ont prédite,
Oui! le *Catholicum* aura sa page écrite!
    Oui! la juste équité
En beaux rayons dorés va percer le nuage
Que la haine amassa : C'est là le premier gage
    De l'immortalité.

CH. MANOURY.

Le *Catholicum* sera à la disposition de la curiosité publique, du 25 juillet prochain au 20 septembre, de neuf heures du matin à midi, et de deux à six heures du soir. Les visiteurs sont priés de vouloir bien laisser leur impression, favorable ou non, sur le registre, ou tout au moins leur signature. Ceux qui désireraient souscrire à mes publications peuvent en faire la déclaration sur le registre, en donnant lisiblement leur nom et leur adresse.

I. Le Goupils.

LE
CATHOLICUM

ou

SALON DE CRIQUEBŒUF

PARTIE ANCIENNE. — LAMBRIS.

1o Nous sommes en face d'un monument ou, pour être plus modeste, d'un ajustement que j'ai constamment vu faire impression sur les personnes qui l'ont visité. — Je l'ai emprunté à différents meubles et à plusieurs communes. — Avant de le décrire disons que je lui ai donné le nom de *synthèse*. Cette *synthèse* est, pour ainsi dire, le prologue de mon poème sculptural. En bas on voit ce que nous appelons le Bahut des Portiques. — Je les ai trouvés dans une boulangerie de la commune d'Andouville-la-Hubert. Je ne saurais dire d'où ils sont sortis à la Révolution ; mais assurément ils sont dûs à un ciseau éminemment capable. — Un grand amateur m'a dit qu'ils sont du règne de Louis XIII..... Le fait est que le genre de chevelure des six magnifiques cariatides qui supportent les pilastres rappellent cette époque. — Quoiqu'il en soit, les portiques sont deux pleins-cintres dans le genre des arcades du Nouveau-Louvre, sculptés avec une régularité parfaite et un fini extrêmement rare. Ce sont deux belles perspectives qui laissent voir : la première, un monument ressemblant à l'extrémité d'un château ; la seconde, l'extrémité d'une humble église de village.

2o Élevons un peu nos regards. Au second étage voici un bahut que j'ai trouvé à Liesville. Il logeait du linge sale. D'où a-t-il pu sortir ? C'est ce que je ne saurais dire. — Il se compose de cinq panneaux et appartient probablement à la première moitié du XVIᵉ siècle. Les panneaux ne sont pas divisés par ces demi-colonnettes tournées que l'on retrouve si fréquemment. On voit ici des pilastres qui ne manquent pas d'une certaine grâce. — Les cinq sujets figurés ne sont pas dûs au même ciseau. Les deux extrêmes, figurant l'Enseignement religieux et la Religion ou l'Adoration, sont certainement plus anciens que les trois du centre. — La principale place est occupée par la Charité. Elle a un cœur embrasé dans la main droite et une clef dans la main gauche: Cette clef est bien de mon invention et je le confesse... A droite se voit une personne à figure presque guillerette. Elle lève un instrument puissant, trop puissant peut-être pour sa petite taille : disons que c'est la Foi. C'est que les personnes qui ont le bonheur d'avoir véritablement cette vertu, ont en elles, selon l'origine même du mot *fides*, une noble confiance. — A gauche vous verrez un autre personnage à visage mélancolique. Il montre de l'index de la main droite une tête de mort qu'il tient de la main gauche. Appelons-le l'Espérance. C'est une méditation sur nos fins dernières.

3º Levez encore les yeux un peu plus et surtout ne faites pas attention à la sculpture. Elle est de la main d'un maladroit charpentier et encore a-t-il travaillé à grands coups de hache. — Le morceau de sculpture que nous décrivons représente l'étable traditionnelle. Jésus ne fait que de naître et déjà l'ange Gabriel est en adoration. — Le panneau que j'offre est, avec deux autres sortis de la même main, tout ce que j'ai de plus inférieur comme exécution. — L'Enfant-Dieu vient de naître ! Déjà les divinités du paganisme sont en fuite ; mais tout en fuyant elles appuient le cadre de la Nativité. — Ces deux divinités païennes nous ont été fournies par un ancien accoudoir de stalle ayant appartenu à l'église de Brucheville. D'un seul objet, avec un trait de scie, nous en avons fait deux. Aujourd'hui, ils ont l'air d'avoir été ainsi faits pour leur destination.

4o Un petit enfant est né : le paganisme est en fuite. L'Espérance peut venir se poser sur le cadre de la Nativité et montrer le ciel auquel l'humanité aura désormais des droits. — Cette statuette de l'Espérance a été trouvée à Turqueville, attachée par un gros clou à la boîte d'une horloge de campagne. Probablement elle aura fait plusieurs fois le tour du monde. Elle a été ramassée comme épave sur le rivage de la Manche. Longtemps, sans doute, collée à un navire, elle fut pour son équipage comme une divinité protectrice.

5o La fugue du paganisme, à la naissance du Christ, est complétée par deux Amphitrites, une Vénus et une Pomone (5^1, 5^2, 5^3 et 5^4).

6o La Vierge vient de donner le jour à l'Enfant-Dieu ; un ange s'abat vers les bergers, les appelle à l'adoration et un nouveau chœur d'amour est entendu dans les Cieux : Gloire à Dieu et paix aux hommes ! Déjà une étoile inconnue a brillé au firmament : le vieil Orient s'émeut et voici que les Mages, prémices de la gentilité, sont en route pour venir adorer à leur tour. Tels sont les motifs que j'ai assis là de chaque côté des portiques. La Nativité au centre (no 3), le *Gloria in excelsis* d'un côté (6^1), de l'autre les Mages (6^2). Quelle belle légende ! Avouons maintenant que le maladroit charpentier avait une belle et riche imagination.

7o Notre *synthèse* est accostée de deux statuettes style Moyen-Age. L'une est un Évêque, probablement le docte et illustre Hilaire de Poitiers. — La seconde statuette figure peut-être saint Laurent, le gardien intègre des trésors de l'Église.

8º Voilà deux panneaux qui doivent faire lambris de chaque côté de la porte du salon. — Je les ai trouvés à Boutteville, faisant office de laiterie. Ils étaient bons pour cela. Du siècle de Louis XIV probablement, au moins voilà deux bottes à la Mousquetaire qui l'indiquent : pauvre sculpture, assez méchante conception.....

Donc il nous faut décrire ces deux rêves. Voici une femme (8¹), indécemment vêtue, gorge non voilée, nonchalamment étalée sous un arbre assez peu élevé pour qu'elle puisse en cueillir les fruits. Assurément elle rêve de quelqu'un ; est-ce d'un époux dont le retour serait impatiemment attendu ? serait-ce d'un amant dont la venue serait encore plus impatiemment désirée ? Le fait est qu'en face de cette femme voici, papillonnant dans les airs, un homme sur un Pégase d'un nouveau genre. — Le second panneau (8²), faisant pendant à celui-ci, est encore un rêve. Vous voyez une femme assise devant une fontaine-borne. Elle considère avec une attention amoureuse un bouquet qu'elle tient d'une main pendant que de l'autre elle flatte un petit chien. D'où vient ce bouquet? je soupçonne volontiers, jeune fille, que quelque amant caché derrière la feuillée vous aura glissé ces fleurs dans la main et vous aura peut-être dérobé, imprudente que vous êtes, un baiser amoureux. Rappelez-vous de loin ce mot de Beaumarchais : *Tant va la cruche à l'eau qu'à la fin elle s'emplit.*

9º Encore un rêve, et ce sera le dernier. Voici un délicieux petit meuble..... C'est une toute petite crédence dont l'origine est certainement fort ancienne, attendu qu'elle va nous donner un des épisodes les plus brillants de la *Jérusalem délivrée*. Mais comme Torquato-Tasso ne termina son œuvre qu'en 1575, notre crédence ne saurait remonter plus loin que la fin du XVIᵉ siècle..... Au centre du meuble se voit un brillant chevalier. Il est dans une attitude méditative. De la main droite, il serre contre sa

poitrine une épée naguère vaillante et fière, et présentement sans gloire : la main gauche s'appuie nonchalamment
sur un bouclier debout aux pieds du chevalier. Les jambes
de ce dernier sont croisées et ne s'apprêtent point à courir
sur l'ennemi. Au-dessus de ce guerrier se voient des
emblêmes signes évidents de la victoire remportée sur ce
mâle courage. C'est d'abord une colombe, oiseau cher à
Vénus ; c'est une figurine d'Amour que l'on peut prendre
pour celle de Cupidon. — Évidemment notre chevalier
rêve, et de quoi rêve-t-il, s'il vous plaît ? Abaissez votre
regard, et, dans la plinthe qui court au-dessous, voici
une femme qui rêve à son tour. Elle folâtre avec un sabre
et un bouclier. L'artiste lui a donné un pied-bot pour
mieux nous apprendre que l'Amour est pour le moins
boiteux quand il n'est pas aveugle... Nous avons vu dans
ce brillant chevalier et dans cette femme l'épisode du
beau Renaud et d'Armide l'enchanteresse. — En réta-
blissant les portes, mon intention a été de compléter
l'aventure poétique à peu près comme elle est racontée par
le Tasse. Godefroid de Bouillon, inquiet du sort de son
malheureux et jadis si brillant compagnon d'armes, envoie
à sa recherche deux compagnons, Charles et Ubalde. Ren-
seignés par le solitaire, les voici qui arrivent sous les
traits de la Force et de la Justice. Toutes deux gour-
mandent Renaud. La Force parle et, levant un doigt vers
le ciel, semble dire qu'il ne convient pas de ne se fier
qu'aux seules armes de fer qui n'ont d'autre vertu que
d'être homicides, mais que la force vraie, celle qui mérite
vraiment ce nom, la vertu qui nous enseigne l'art de
triompher de nous-mêmes, en même temps que des
ennemis, doit toujours nous venir d'en haut. — La Justice,
à son tour tient la balance pour peser le pour et le contre,
et présentant au guerrier la Main de Justice, épée plus
solidement trempée que ne paraît l'être en ce moment
celle du voluptueux Renaud, elle lui fait une révérence
pleine d'ironie. C'en est fait, Renaud va se laisser con-

vaincre... Ces deux derniers panneaux sont de mon ciseau et de ma conception.

10° Trumeau de cheminée. — Pour établir cet ensemble de sculptures qui semble avoir été conçu de la sorte, nous avons emprunté à sept meubles différents, venus de plusieurs communes. — Mon ouvrier a fait preuve d'habileté dans ce bel ajustement. Il a parfaitement secondé mes vues. Le vieux et le neuf s'harmonisent avec tant de grâce, que ces trois mètres superficiels de sculptures, brillantes aujourd'hui comme l'acier poli... ont l'air d'avoir été fondues ensemble et jetées dans le même moule. — Au centre du trumeau se voit une glace assez vieille, assez piquée..... Son principal mérite est de venir de Venise, si c'en est un de naître dans un pays que les puissants de ce monde se renvoient comme font les enfants du volant avec leurs raquettes..... Les défauts de notre glace sont un peu dissimulés par ces arabesques à découpe, qui s'enroulent autour de la plinthe du bas, et viennent au centre accoster un tout gentil médaillon en ivoire. — Ces arabesques ne sont que le développement, pour ainsi dire, de quatre colombes qui deux par deux s'approchent avec amour. Le cadre de la glace est de la belle sculpture et de la meilleure époque. C'est d'abord un cordon de perle avec interruptions régulières ; — ce sont ensuite des arabesques fines comme de la dentelle de Malines ou d'Alençon. — Le cadre de la glace appartenait autrefois à cette frise que l'on voit immédiatement au-dessus, brillante d'arabesques. Les rinceaux, les perles, les fleurons et les palmettes y sont semés avec une grâce et une légèreté infinies. De chaque côté de la glace, on voit deux grandes coquilles. Elles sont de l'atelier ainsi que les deux pieds droits qui font colonnes plates ou pilastres et qui accostent les coquilles. — Sur le plat des pilastres sont fixées de délicieuses guirlandes de fleurs, de roses, de laurier, de chêne. — En dessous des guirlandes se trouvent naturellement posées et comme faites exprès, deux charmantes petites niches. — Elles sont destinées à recevoir deux gentilles petites statuettes — Vierge à la Rose et *Ecce homo* — qui avec le médaillon central, Descente de Croix, donnent en raccourci la vie de Jésus. — Enfance — douleurs — mort. — Naître, souffrir, mourir, n'est-ce pas là tout l'homme ? — Notre glace se couronne d'un magnifique panneau sculpté... L'objet central est un fleuron accosté de deux Sirènes, symétriquement disposées, sculptées dans une pose impériale, les ailes déployées et la queue enroulée et couvertes d'écailles. — Ces figures sont pleines de grâce et de puissance. — Les Sirènes, on le sait, étaient filles d'Achéloüs, l'adversaire inégal d'Hercule. Déesses marines, elles avaient, dit la fable, une voix ravissante qui fascinait les matelots. Ceux-ci alors se précipitaient dans la mer où ils trouvaient une mort inévitable. — C'est un triste rôle que jouaient là ces demoiselles de l'Océan. — De chaque côté de nos Sirènes étaient de belles colonnes-pilastres encadrant une coquille surmontée d'une figurine d'Amour... Mais comme notre panneau se trouvait trop petit pour l'entablement du trumeau, nous avons doublé les coquilles en les séparant par une colonne torse, genre Renaissance.

11° Le grand panneau que vous voyez là au haut a été bien remarqué. Il est dans les mêmes proportions que celui des Sirènes de la cheminée auquel il doit faire vis-à-vis. J'ai trouvé le bel objet du centre dans l'étable d'une pauvre femme. Nous avons encore là deux Sirènes avec une nudité au centre sculptée dans un petit médaillon. Il convient de jeter un premier coup-d'œil sur cette ligne du Nord (elle est ici placée au Midi), et d'en voir, avant tout, l'effet général. La partie inférieure, haute de 95 centimètres, véritable ruisseau de sculptures, dont la plupart ont un rare mérite, se compose de trois corps avancés, un médian et deux extrêmes, et de de en retrait , qui brisent cette ligne d'une manière qui plaît aux yeux. Les cinq corps se couronnent par autant d'ajustements dont les deux correspondants aux corps en retrait sont formés avec des glaces et leur soubassement ; les trois autres ont jusqu'à trois étages de sujets sculptés, qui s'harmonisent entre eux et par l'idée et par la symétrie. — Les deux corps extrêmes, sortis du même meuble, sont dus au même ciseau... Les corps en retrait sont à panneaux circulaires, au nombre de trois pour chacun, excepté le panneau central du corps de gauche, dont la forme est rectangulaire.

12° Plaçons-nous de front et au centre, s'il vous plaît, et serrons de près la maîtresse pièce de la partie inférieure de notre ligne du Nord. Comme elle appartient à Charles de Bourbon, connétable de France, en bonne tactique militaire, nous devons commencer par elle et nous en rendre maîtres. — Constatons d'abord que le Connétable a été trouvé à Liesville... Je suis porté à penser qu'il est sorti à la révolution soit de l'Ile-Marie, soit de Beuzeville-la-Bastille, ou de Cretteville. — La magnifique serrure que l'on voit au centre de cet ancien meuble a été empruntée à un autre. — Le Connétable se composait de cinq panneaux vus de face. — Au centre, est une charmante petite statuette de sainte Barbe, avec sa tour traditionnelle. — Cette statuette est haute de 25 centimètres, sa tête est surmontée d'une coquille dans le genre de celle que l'on donne vulgairement à saint Jacques le pèlerin. — Les panneaux voisins de droite et de gauche offrent , à leur partie supérieure, deux médaillons en forme de couronnes tressées avec des feuillages et des rubans. Au centre de chaque médaillon est une figure, hauteur de buste seulement. A gauche c'est une femme, cheveux et cou orné à la mode du temps, lèvres grosses, figure pleine, front levé, œil ouvert, air altier et arrogant. Baptisons - la du nom de Louise de ~~~ie, mère de François Ier. Le portrait convient parfaitement à l'original historique. Nous verrons bientôt que l'artiste lui fait jouer ici le rôle d'accusatrice. — A droite est un guerrier, casque en tête, joues amaigries, yeux inclinés, pleins de feu et de colère, lèvres frémissantes de menaces, front penché vers sainte Barbe. N'en doutons pas, déjà il la prie de favoriser les projets de vengeance formés en son cœur. Cet homme est accusé; il est plus, il est humilié; il est condamné. Disons que nous avons là Charles de Bourbon, héros de Marignan, devenu par suite Connétable de France, à l'âge de 26 ans. — L'artiste au ciseau symbolique a stigmatisé, avec une ironie et une habileté rares, les juges iniques qui ont favorisé les vengeances de la Régente. — Vous voyez six colonnettes formées de feuillages qui s'enroulent et s'imbriquent. Elles sont surmontées de six chapiteaux ou figurines faisant office de cariatides, et c'était bien dû, pour supporter la corniche du meuble. L'un a des oreilles et des pieds de renard; un second porte des oreilles d'âne; le troisième ressemble à un idiot. Tous trois sont vêtus en gens du du Palais. Les autres juges sont des canards et des oisons. — Quel sarcasme dans ce tableau? — En dessous de la Régente et du Connétable, sont d'abord de simples décorations; ici des draperies, là des guirlandes. — Mais voici sous Louise de Savoie des figures qui ne ressemblent pas de loin à des lévriers qui se pinceraient la queue. Il n'est pas besoin d'un grand effort d'imagination pour voir là l'emblême de la fortune de Charles de Bourbon, tombée à la merci de cette femme vindicative. — Deux pigeons, ailes éployées et pincées dans le bec, sont au-dessous du Connétable. Qui ne verra dans cet oiseau, emblême par excellence de la féodalité, sculpté là et dans cette posture, un autre signe de servitude ou de la liberté perdue? — Le panneau extrême de gauche, au derrière du buste de Louise de Savoie, présente à la partie supérieure une tête de bœuf qui certes ne figure pas la fortune et l'opulence. Cette tête, en effet, est complètement décharnée et l'oiseau, qui toujours vole où se trouvent des cadavres à dévorer, l'ignoble corbeau, est là qui de chaque côté se retourne examinant si sa voracité n'a pas épargné quelque lambeaux de chair. — Les pattes du bœuf sont jetées jusqu'à la partie inférieure du panneau extrême de droite. Il y a donc eu un dépècement radical. — Il dut se trouver en France des gens assez bas de caractère pour applaudir à la jalouse vengeance de Louise de Savoie et à la chute du Connétable, privé du même coup de ses titres et de ses biens. C'est ce que notre artiste nous montre, à la partie supérieure de ce même panneau de droite, dans cet oiseau de proie, qui, ailes éployées tout au large, haussé sur ses jambes, cou tendu, chante à gorge ouverte le triomphe de la Régente. — A la partie inférieure du panneau opposé, sont deux hippogriffes, animaux fabuleux, dûs à l'imagination poétique de Boiardo et dont l'Arioste a fait un si ingénieux usage dans son *Roland furieux*. Sans doute ils sont là destinés à favoriser les projets de trahison conçus par le Connétable doublement aigri et par l'injustice de l'accusation et par l'iniquité de la sentence.

13° Mais quelque belle et quelque riche que puisse être cette conception artistique, nous allons néanmoins la quitter et diriger nos pas vers la lune.... Nous avons devant nous trois panneaux. Essayons de les décrire : — au centre est une large face grimaçante, clignant des yeux, portant un bandeau sur le front, lequel menace de tomber ; quelques rares et pâles rayons à la place de la chevelure, pas de col. Evidemment, l'artiste n'a pas eu dans l'esprit de faire là une figure humaine. Il n'est cependant pas rare, je le sais, que, parmi les échantillons de notre espèce, il ne se rencontre des sujets dont les traits étalés ont une ressemblance frappante avec cette image peu gracieuse..... Donc l'artiste, selon nous, a voulu et entendu figurer ici la lune, mais quelle lune ? C'est ce que nous avons à faire voir d'après nos explications ultra-symboliques. — Examinons donc, je vous prie , ces portraits situés au centre des deux autres panneaux. A gauche, voici une tête d'homme coiffée à la Léonard de Vinci, avec une barbe, des moustaches et un accoutrement qui trahissent l'époque où ces objets furent ciselés. Cet homme est tourné vers la lune et la lune lui fait horreur. Examinez bien ce mouvement d'aversion. Notre homme lève l'épaule comme pour se protéger, recule et fait un pas pour fuir. Il en est de même de cette femme posée à droite, avec cette particularité que la frayeur est encore plus accusée. — Pour quoi donc avoir peur de cette lune? Nons t'aimons, sans doute, astre des nuits, quand tu brilles de ton éclat ordinaire; mais malheur à nous, quand notre planète vient à mettre son disque obscur entre ton globe et ton royal banquier qui te livre et te prête indéfiniment sa lumière et même sans intérêt. Alors, comme hélas! chère lune, semblable en ceci à beaucoup de gens de ce monde, tu ne dus jamais tes avantages et ton influence qu'à un éclat emprunté... tu tombes dans une profonde nuit. Eh bien ! te l'avouerai-je, lune mon amie, l'imagination humaine ne put jamais te voir soumise à des accidents de cette nature, sans être frappée d'épouvante et tomber dans la plus grande inquiétude. — Nous avons donc ici l'image de la lune en voie de s'éclipser. De là l'effroi de nos deux personnages. — C'est peut-être l'éclipse de Christophe Colomb.

14° ..... Il faut bien se résigner à décrire puisque cela se présente. Transportons-nous donc devant le bahut de la Luxure. C'est encore un bahut à trois panneaux. Le panneau central de forme rectangulaire est celui qui nous présente l'image de la luxure. Voyez-vous cette femme couronnée de fleurs, soubassée de fleurs. — Elle s'offre à vos regards bien attiffée, nue jusqu'à la ceinture, seins arides et desséchés (cette femme ne doit point nourrir), poitrine amaigrie et laissant percer les côtes à travers une peau devenue transparente. — La Vierge ni les Saintes et, ajoutons, ni les honnêtes femmes ne se présentèrent jamais en si étrange et si triste décoration. Qui ne reconnaîtra, dans cet affreux emblême, les demoiselles des Babylones du jour ? Aussi les fleurs de la couronne et du soubassement, comment se terminent-elles ? Voyez ces dernières remonter comme des pampres en torsade, que cette malheureuse serre fièrement en ses mains. Toutes ces fleurs, hélas ! finissent par des monstres qui, la gueule béante, se retournent vers cette femme et menacent de la dévorer. — Ce tableau n'est-il pas en raccourci l'histoire fidèle de ces pauvres fugitives qui ont quitté l'air pur de nos campagnes pour échapper aux yeux trop clairvoyants de la famille et d'un voisinage incommode ; et s'enfoncent, tête baissée, dans l'atmosphère pestiférée de nos grandes villes... Longtemps je me suis dit que nous avions là, sous les yeux, la Luxure au point de chrétien. Je me suis vu jusqu'à un certain point contraint de rejeter cette première appréciation. — Voyez à gauche cette tête de guerrier. Mais laissez-moi vous conter comment cette tête est le premier triomphe de notre modeste atelier... La tête du guerrier était disparue... Restait une faible portion du cimier, du casque et l'extrémité des moustaches... Nous nous mîmes à l'œuvre, le camarade et moi, pas mal embarrassés tous les deux, à cinq heures du matin, lui sculptant, moi regardant. De tâtonnement en tâtonnement, nous fîmes tant et si bien qu'à la fin du jour notre guerrier se présenta complet aux regards ébahis. Il avait retrouvé sa tête. — L'habillement de notre homme consiste en un léger mantelet jeté sur les épaules et fixé, au milieu de la poitrine par un nœud de rubans — il a une figure à la napolitaine. Le pendant consiste en une belle tête de vieillard avec toute sa barbe. Tous les deux se tournent complaisamment vers l'image de la Luxure. — J'ai vu dans cet ensemble l'histoire de la syphilis en Europe, au XVIᵉ siècle.

15¹ et 15². Le bahut noble offrait cinq panneaux vus de face et deux à chaque extrémité, en tout neuf. Huit nous donnent, à leur partie supérieure, des figures humaines, dans un charmant médaillon, cinq têtes de femmes et trois d'hommes. — A la partie inférieure de ces huit panneaux, comme au panneau central, sont autant d'arabesques, de fruits, de fleurs, de rubans entrelacés, de têtes d'oiseaux, genre perroquet, le tout mêlé de la manière la plus gracieuse et sculpté de main de maître. — Mais je prie mes visiteurs d'approcher près, bien près, plus près encore et de voir tout à loisir, la pureté du dessin et le fini du ciseau. Assurément ces figures n'ont été aucunes faites à la légère. — Toutes, sans se ressembler positivement, ont cependant entre elles un grand air de famille. Si nous réfléchissons que l'artiste qui s'est rendu coupable d'aussi belles choses, ne pouvait être qu'un sculpteur des plus habiles et incapable, par conséquent, de jeter ses coups de ciseau au hasard, et que de plus il a sculpté cinq têtes de femmes et trois d'hommes, tandis que généralement les sexes se font toujours opposition dans les meubles de cette sorte, nous serons naturellement amenés à conclure que ces figures sont autant de portraits et que ce bahut nous donne la composition de toute une famille. Tous ces portraits sont rendus avec un naturel difficile à attraper. Ils sont vivants, ils parlent. — Les hommes portent la barbe dans le genre de celle de Charles IX. Notre bahut appartiendrait donc très-probablement à la seconde moitié du XVIe siècle. — Allons plus loin : la famille dont voici les portraits, était fort probablement protestante, ou, au moins, avait embrassé en partie les erreurs de la réforme. En effet, au centre du bahut de cette époque se trouvait le plus souvent un emblême religieux. Ici, rien de tout cela ; de simples arabesques, fort belles, il est vrai, mais de simples arabesques. Or tout le monde sait, comme moi, que le protestantisme a proscrit les images religieuses. J'ai dit que la famille s'était en partie protestantisée, si l'on veut me permettre ce néologisme ; il est possible, en effet, que deux membres, un vieillard et une jeune fille, fussent demeurés fidèles à la religion de leurs pères. En-dessous de ces deux têtes se voient deux belles figures d'anges. — J'ai donné tout ce que je puis. Un autre, plus érudit que moi dans l'histoire de la noblesse de ce pays, dira probablement un jour qu'elle était cette famille et d'où vient ce bahut.

16° Le bahut du Péché occupe la plus belle place de ma ligne du Nord. Il est au cœur de mes plus beaux ajustements. — N'est-ce pas, en effet, au cœur que le péché, ce ver rongeur de notre triste humanité, a sa place chez chacun de nous? — Ce bahut, dont l'idée est bien conçue mais pauvrement exécutée, me paraît fort ancien. Il sera très-probablement sorti du chateau de Sainte-Marie. voici un écusson aux trois fleurs de lys. Un homme érudit pourrait même donner la date certaine de ce meuble antique, car voici un autre écusson porté par un ange : un chardon au centre et deux écureuils sur les côtés. Je crois qu'il y aura eu alliance entre la famille princière du château et quelque autre famille noble. — Vous voyez quatre colonnes où sont superposées dans leurs niches des images de saints et de saintes. Je présume que ce sont les patrons des familles qui ont fait alliance. C'est, en procédant de droite à gauche, saint Nicolas, avec les enfants traditionnels; saint Laurent, avec son gril; sainte Jeanne de Valois, avec une espèce de quenouille; sainte Apolline, enveloppée de flammes; sainte Barbe, et sa tour; sainte Catherine, avec sa roue et une épée qui s'appuie sur une tête royale; saint Jean-Baptiste, avec son agneau, et enfin saint Christophe, chargé de l'Enfant-Jésus et traversant le fleuve. — En dehors de ces colonnes sanctifiées par l'accumulation de tant de pieuses images, notre bahut du Péché se compose de trois panneaux. Celui du milieu n'est autre que l'ange portant l'un des écussons signalés. — Dans le panneau de droite sont deux personnages nus, debout au pied d'un arbre, un homme et une femme. Un animal à queue de serpent, montre une tête humaine dans la fourche de l'arbre. Cette tête parle, elle est gaie, elle triomphe ; c'est que la femme tient déjà dans la main droite la pomme fatale, et ajoutons hélas ! que l'homme nous paraît peu disposé à la refuser. — Voyez le panneau de gauche : une jeune vierge est en prière ; un ange lui apparaît subitement. Une colombe descend sur elle ; voilà du haut des cieux le Père Éternel assistant à l'incarnation du Verbe Éternel...

17° Nous avons placé, au-dessus du Péché, la Mort..... Vous avez là présentement, devant vous, l'admirable panneau que j'ai baptisé du nom de chrysalide ou d'immortalité. C'est un morceau à placer au premier rang pour la conception : par l'exécution, il peut figurer à côté des pages sculpturales des plus grands maîtres. — Cette superbe composition est sortie du château princier des Rohan. — La statuette est haute de 40 centimètres, taille élancée et dans des proportions artistiques des plus régulières. De la main gauche, elle tient une tête de mort. Mourir ! c'est là la condition de notre humanité. Cet objet l'épouvante : aussi voyez-vous ma chrysalide détourner la tête avec un sentiment de profonde aversion. De la main droite, elle montre la terre où tout homme doit descendre. — *Statutum est hominibus semel mori.* — Cette dernière main rend parfaitement compte de l'espèce d'horripilation qui saisit notre sujet. Ce n'est point le doigt tendu pour l'indication ou le commandement. Les doigts font la patte d'araignée et frissonnent, pour ainsi dire, comme toute la personne. — Mais pendant qu'elle se détourne, dans son aversion, ma chrysalide conçoit un idée d'un genre tout nouveau. Si je meure, semble-t-elle se dire, ce ne sera pas pour toujours. Aussi, la voyez-vous faire un mouvement d'élévation : déjà les pieds ne touchent plus la terre ; le linceul, car c'est bien un linceul et non un vêtement que l'artiste lui a jeté sur le corps, quitte déjà ses épaules et bientôt, semblable au papillon qui vient de subir sa dernière transformation, elle va s'envoler et planer dans les cieux. — Je n'ai pas encore dit combien était habile le ciseau qui a jeté cette chevelure au vent, fouillé ces draperies dont le naturel est achevé, si bien modelé cette épaule dénudée et si parfaitement ciselé ces deux pieds, vus l'un de profil et l'autre de face et en raccourci. — Mais quel peut être l'auteur de ce morceau ? Un grand artiste, cela ne fait aucun doute pour moi. — *J'ai établi que, selon des probabilités plausibles, la chrysalide est l'œuvre de Jean Goujon.*

18º De chaque côté de notre chrysalide se voient deux élégis se terminant à l'extérieur par deux magnifiques consoles en torsades. Elles proviennent d'un accoudoir de bergère sculpté par un vaillant ciseau.

19º Mais hâtons-nous d'arriver à l'objet qui, entre tous ceux qui sont ici, me plaît et me sourit davantage. Je veux parler de cette petite Vierge-Mère, statuette en ronde-bosse, hauté d'environ 40 centimètres, élevée sur cette tête d'ange, lequel porte attachée au menton une légère banderolle flottante où sont écrites ces simples paroles du livre des cantiques : « *Nigra sum sed formosa*, je suis noire, mais je suis belle. » — La petite tête, que vous voyez si heureuse de porter la Reine des Anges, était vraiment bien triste quand je la dénichai dans un caveau humide. Elle était littéralement pourrie et pleine d'eau comme une éponge chargée. Mais nous l'avons nourrie d'huiles siccatives et reconfortée avec de solides mastics. Cet ange est présentement fort et vigoureux. Les deux ajustements de la ligne qui nous restent à décrire sont une série d'emblêmes qui peuvent figurer sans faire de l'extra-symbolisme exagéré, les vertus théologales. Ils répondent aux extrémités de la ligne et sont superposés au bahut noble.

20º Procédons comme au centre, de bas en haut. Vous voyez le sacrifice d'Abraham, panneau allongé, rectangulaire, faible de dessin, pauvre d'exécution. Mais le cadre, la corniche et les pilastres sont brillants d'arabesques. Comme les quatre colonnes-pilastres faisaient une trop grande longueur, nous en avons supprimé deux et les avons remplacées par ces colonnettes à feuilles imbriquées. Les personnes les plus scrupuleuses, en fait d'emblêmes, n'hésiteront pas à voir la Foi dans le sacrifice d'Abraham, le père des Croyants.

21º Immédiatement au-dessus, vous pouvez voir la sœur de notre chrysalide, sortie comme elle du château princier des Rohan et nous offrant la Charité, sous une figure des plus gracieuse. La statuette est haute de 37 centimètres, figure grave, un peu mélancolique, seins puissants et capables de nourrir ; la main droite ouverte, comme venant de donner ; un cœur embrasé d'amour dans la main gauche qui le tient élevé, comme pour faire appel ; c'est ainsi que la Charité s'offre à nos regards. J'aime à la voir dans cette attitude : je l'offre comme une image à traduire, par leurs actes, à toutes les personnes riches qui voudraient devenir bienfaisantes. — De chaque côté, nous avons placé deux chimères qui, après avoir épuisé une corne d'abondance remplie par la Charité, s'amusent à faire la guerre à leur bienfaitrice, et l'insultent en la menaçant de leur dard. — Hélas ! disons-le à la honte de ceux que la fortune n'a point favorisés à leur entrée en ce monde, c'est trop souvent ainsi que se traduit leur reconnaissance envers leurs bienfaiteurs.

22º Élevons nos regards et nous allons voir le portrait de la femme la plus héroïque qui ait illustré son sexe. — Jésus chargé de sa croix montait au Calvaire, pourchassé par une bande de scélérats avides de grandes émotions. Les spectateurs, chose vraie et triste à écrire, n'ont jamais manqué aux heures funèbres. Parmi les êtres, à figures humaines, il y en a toujours des masses compactes à se ruer, pour jouir des dernières palpitations des suppliciés. Toute la canaille de Jérusalem, affolée par les princes des prêtres, ayant soif de sang, était là hurlant et vociférant. Jésus épuisé trébuchait à chaque pas, sous l'instrument de son supplice; son auguste visage disparaissait sous les crachats, la sueur et le sang. — Une femme accourt, fend la foule étonnée et s'avance respectueuse vers ce divin coupable (coupable en effet! il est chargé des péchés du monde! quel horrible paquet, même pour un Dieu!) — Quelle est cette femme? Personne ne la connaît; elle n'a point de nom. — N'importe, laissons-la faire. — Son courage, sa charité, son grand cœur, vont bientôt la rendre à tout jamais illustre. — Désormais l'univers catholique publiera sa gloire. On la nommera, cette femme, la *sainte face* ou Véronique; car, ô prodige! la face adorable de Jésus vient de se peindre sur le voile employé à lui essuyer les traits. — Voilà, croyez-le bien, le plus grand objet d'art qui ait paru en ce monde. Dieu lui-même fut le modèle et le peintre. Admirez avec moi comme Jésus sut récompenser la piété de cette femme. Ce miracle n'est pas consigné dans les livres saints, mais il est un de ces nombreux faits de la tradition chrétienne, qui sont comme le bagage de l'Eglise catholique. — Aussi fait-il le sujet d'une des stations du Chemin de la Croix. — Acceptons-le comme de bonne monnaie, puisqu'il est à l'effigie du Maître.

23° Le bahut de l'Annonciation est étincelant de sculptures. Le sujet est bon de dessin, d'un bon ciseau et rendant bien la scène évangélique. — Le panneau a la forme et les dimensions du sacrifice d'Abraham déjà vu ; 45 centimètres sur 24. La fille de David, entourée de magnifiques draperies, est à genoux devant son prie-Dieu, méditant sur les saintes Écritures comme les patriarches de l'ancienne lloi, probablement elle soupire, en ce moment, après la venue de celui qui doit être envoyé pour le rachat d'Israël. Elle est attentive à la lecture d'Isaïe : peut-être même en est-elle à ce passage : « *Ecce virgo concipiet et pariet* « *filium :* Voilà qu'une vierge va concevoir et enfanter un « fils. » — Mais silence : un envoyé de la Cour céleste, un ange aux formes sveltes et élancées, apparaît tout à coup enveloppé de nuages. La jeune fille surprise, en son oraison, fait un mouvement : elle va fuir. *Ave gratia plena, Dominus tecum, benedicta tu in mulieribus.* Le trouble de la Vierge s'accroît, l'ange s'en aperçoit et s'empresse d'ajouter : « Ne craignez pas, ô Marie, vous avez trouvé miséricorde auprès de Dieu. » — Mais lisez l'évangile selon saint Luc et venez ensuite admirer l'Annonciation que j'ai trouvée à Houesville, bien vermoulue, daus un pauvre grenier. — L'Esprit-Saint descend dans un tourbillon de nuages. Il va couvrir la Vierge de son ombre et le mystère de l'Incarnation va s'opérer.....

24. Passons nos instants à considérer ce noble vieillard s'apprêtant à immoler son fils Mais disons d'abord que ce magnifique et rare panneau, 48 centimètres sur 47, est sorti jadis, tout me porte à le croire, du château des Rohan. — Tout le monde connaît la vocation d'Abraham, les promesses que Dieu lui avait faites et renouvelées, et la stérilité de Saraï. Je veux seulement rappeler un détail. Trois jeunes hommes se présentent un jour à Abraham : le père des croyans exerce envers eux l'hospitalité la plus généreuse. Les anges, car c'étaient trois anges, annoncèrent d'une manière positive la naissance d'Isaac. — Saraï, malgré ses rires et ses doutes, donna le jour, en effet, à un fils, sur la tête duquel reposaient les plus magnifiques promesses. — Mais voilà que Dieu veut mettre à l'épreuve l'obéissance de son fidèle serviteur et lui demande d'immoler lui-même ce fils bien-aimé, l'objet de toutes ses affections. — Le saint vieillard n'hésite pas. — Dieu com-

mande, il va obéir. Le voilà s'acheminant vers la montagne : Isaac, figure de Jésus, le Sauveur des hommes, porte lui-même le bois destiné à consumer son corps. Le père tenait en ses mains le glaive et le feu. — Mon Dieu! n'aurez-vous point pitié de ces deux infortunés? Ah! mon cœur de père saigne et se soulève dans ma poitrine. La larme me roule dans les yeux. — Mais vous êtes, Seigneur, le Dieu des miséricordes et de toute consolation. — Lisons, je vous prie, l'auteur sacré : « Ils marchaient ensemble
« eux deux, Isaac dit à son père : Mon père. Celui-ci ré-
» pond : que voulez-vous, mon fils? — Voilà, reprend
» Isaac, le feu et le bois : où est la victime pour l'holo-
» causte? — Abraham dit à son tour : Dieu aura soin de
» fournir la victime pour l'holocauste, ô mon fils. — Ils
» continuaient donc à marcher ensemble et ils arrivèrent
» au lieu que Dieu lui avait désigné; — il y éleva un autel
» et disposa dessus le bûcher : après avoir garrotté Isaac,
» son fils, il le plaça sur l'autel, au-dessus du bûcher. Et
» il étendit la main et se saisit du glaive pour immoler son
» fils. Et voilà qu'un ange du Seigneur lui cria du Ciel,
» disant : Abraham, Abraham. — Celui-ci répondit : Me
» voici. Et l'ange dit : Ne mettez point la main sur l'enfant
» et ne lui faites aucun mal : je sais maintenant que vous
» craignez Dieu, puisque, pour m'obéir, vous n'avez pas
» épargné votre fils. » — Voilà le sujet traité par notre artiste et rendu, disons-le, avec une rare habileté dans le ciseau. Isaac n'est point lié; il est à genoux, le dos tourné à son père, les mains jointes et les yeux bandés; — une amertume immense couvre la figure du vieillard levant le bras armé du glaive. La bouche entr'ouverte laisse échapper un profond soupir. La main gauche, énergiquement tendue, semble dire : le sacrifice est dur, mais la vie appartient à celui qui la donne. C'est commandé; il faut obéir. — L'ange, au lieu de crier du Ciel comme dans le texte, accourt et s'empare du glaive; il n'accourt pas, il se précipite, disons qu'il est tombé comme une étoile filante,

comme l'éclair. Il n'a plus de joues; les cheveux sont comme arrachés. — Ce petit sujet est admirablement compris, comme tout le tableau du reste. — Mais quel est ce monument qui se dessine dans l'ombre sur la montagne? C'est une vision du temple futur de Salomon. Rappelons que, selon les probabilités, le sacrifice d'Isaac allait se consommer sur la montagne de Sion. — Mais voici, comme en dehors du tableau, deux belles figures pleureuses. Sans nul doute, elles regrettent de voir s'anéantir les grandes promesses faites à Abraham et à sa postérité Ces figures, selon moi, trahissent chez l'artiste une finesse exquise. Trois anges ont assisté à l'annonciation d'Isaac. En ce moment, un seul est dans la confidence des desseins de Dieu, l'ange arrêtant le glaive; les deux autres pleurent sur le sort de notre pauvre humanité, dont le salut devait sortir d'Isaac. — Nous avons mis, là, de chaque côté, deux esprits infernaux qui insultent aux figures pleureuses et se réjouissent de la mort de l'enfant. — Ces deux figures sont loin d'être parfaites; mais quelles qu'elles soient, il est vrai de dire que c'est bien là notre première création artistique. — Il ne m'appartient pas de justifier Abraham du reproche de cruauté dont l'impiété veut salir sa mémoire. — Quand on ignore la valeur du commandement, on ne sait apprécier l'obéissance.

25° Il nous reste encore un simple petit panneau, il est assurément de la dernière pauvreté, au point de vue artistique, à tout autre, il est le plus admirable du *Catholicum*. — Au dernier ajustement, nous avons laissé Véronique avec sa précieuse relique. Jésus, nous le savons, avait voulu honorer le courage et la piété de cette brave femme, par un trait de générosité toute divine. Il avait fait comme les grands de ce monde, il lui avait donné son portrait. — Jésus est monté au Capitole. Il s'est laissé attacher à l'arbre régénérateur du Calvaire. Marie, sa pauvre mère, *et le disciple que Jésus aimait* sont là. *Stabat mater dolorosa.* — Que vous dirai-je de ce panneau? Probablement il faisait partie d'une série qui racontait la passion du Christ. Un jour le bûcheron stupide prit sa hache pour livrer au feu ces simples et pourtant précieuses reliques. Il hachait en aveugle, déjà plusieurs coups avaient porté sur l'image de mon Dieu. Un bras, une cuisse étaient sacrifiés. — Les yeux du bûcheron s'ouvrirent : alors il reconnut le Maître ; la hache s'arrêta et sans doute il dut dire alors : O fils de David, ayez pitié de moi. — Je voudrais que tous les insensés qui s'attaquent au Dieu de l'Évangile, s'arrêtassent comme lui dès que leurs yeux commencent à voir et qu'alors ils suspendissent leurs coups.

26° Ce meuble était relégué à Angoville-au-Plain, dans les greniers de la ferme de la Grouderie, ayant appartenu à une famille nobiliaire. — Cette console était jadis plâtrée et dorée comme l'étaient celles de la même époque. Tout était d'or au temps du Roi-Soleil. Ce rare objet était mutilé comme toutes les belles et vieilles choses jetées au rebut. — La table est portée sur quatre pieds-consoles, à sujets magnifiquement sculptés. Deux figures en partie détruites ont été refaites avec une ressemblance parfaite. Une cinquième figure est jetée dans la frise, entourée de guirlandes sculptées à jour. La corbeille qui réunit les quatre pieds est d'une grande élégance. — J'ai souvent vu remarquer et considérer ce meuble. On m'a fait le reproche de l'avoir brillanté de mine de plomb. A l'impossible nul n'est tenu. La console ne pouvait se conserver dans l'état où elle se trouvait. — « Au surplus m'a « dit un jour un grand amateur, la chose importe peu ; la « personne qui l'aurait, pourrait toujours avec 500 francs « la faire dorer à nouveau. » 500 francs d'accessoires ! Quelle est donc la valeur du principal ?

27° La partie inférieure de cette ligne, composée de onze

panneaux hardiment sculptés, est toute sortie du même atelier, et peut-être est-elle due au même ciseau. Sept panneaux sont à sujets avec draperies et arabesques : les quatre autres sont d'arabesques seulement. Le panneau médian de la même époque et du même genre, est dû cependant à un bahut d'une autre école.

28° J'ai là présentement devant moi un panneau allongé, haut de 49 centimètres, large de 23. — Le sujet est une grosse matrone tenant dans ses mains un enfant et l'observant avec soin. — Avant de nous livrer à une étude plus minutieuse, disons que cette commère occupait le centre d'un vaste meuble comptant neuf panneaux, cinq dans la face et deux à chaque extrémité. Le bahut a été trouvé par nous à Houesville et servait de laiterie chez un pauvre homme. Les huit autres sujets sont là disposés et se font opposition deux par deux. Quatre font partie de la ligne du Midi ; les quatre autres entrent dans les décorations qui accostent notre cheminée monumentale et la maîtresse porte. — *Mais à Criquebœuf notre symétrie n'existe plus.* — La toilette de ces neuf femmes, qui sont là comme les neuf Muses de la fable, et le coup de ciseau rappellent, à ne pouvoir s'y tromper, l'époque de Marie de Médicis, épouse de Henri IV et mère de Louis XIII, commencement du XVIIe siècle. Ces neuf personnages sont comme un véritable journal des modes du temps. Quoique toutes soient de la même famille artistique, on remarque des variétés et des nuances dans la toilette de chacune. — Convenons que nous avons été longtemps à étudier, avant de nous faire une idée exacte de ces emblèmes. Nous ne pouvions trouver la clef de l'énigme. — Le principal personnage, avons-nous dit, est une grosse et fière matrone tenant un enfant. Celui-ci n'est déjà plus au berceau. Il a, paraît-il, quelques années. Le voilà qui s'amuse avec un jouet semblable à une boule ou mieux à un fruit. — Les deux personnes de droite tiennent l'une un serpent et l'autre un livre. On les voit se regarder par-dessus l'épaule avec un souverain mépris : il en est de même de ces deux personnes sur la gauche, portant la main l'une dans un coffret ouvert à tous vents et l'autre dans un coffret ne présentant qu'une ouverture. — Deux autres se font une opposition du même genre et semblent n'avoir pas plus d'affection l'une pour l'autre. Celle-ci tient une épée nue et menaçante, celle-ci porte un instrument tout pacifique comme une lanterne sourde. — Deux autres présentent encore la première un sabre, la seconde quelque chose comme un bouquet de fleurs ou de fruits... Hâtons-nous de dire que nous avons vu, dans cette vigoureuse commère, la sorcière que l'on appelait autrefois dans les familles pour tirer l'horoscope de chacun de leurs membres et surtout des enfants....

29º *Mater dolorosa*, belle et très ancienne statue. Elle est en poirier. Je l'ai trouvée tout éplorée dans la tour d'une vieille église, où les vers, les immondices et l'humidité travaillaient de concert à achever de la détruire. Nous l'avons ragréée et arrosée à profusion d'huile et d'essence de thérébentine et désormais, avec quelques soins, elle pourra vivre des siècles. — Cette statue est dans de belles proportions. Elevée de 1 mètre 30, elle est dans l'attitude de la réflexion douloureuse et d'une résignation parfaite. Les doigts sont entrelacés. Un voile est jeté sur la tête et retombe en couvrant les épaules de cette pauvre mère. Dans la partie inférieure les draperies se serrent et enveloppent peu de matière. La crinoline, cette grande et riche invention de notre époque, qui nous rendra ridicules dans les âges futurs, ne donnait pas encore, dans ces âges reculés, aux dames du temps, l'apparence de cônes majestueux reposant sur leurs bases. — Cette statue nous reporte très-probablement en plein XIIIᵉ siècle.

30º **La Vierge-Mère**, que voici à droite, est d'une date

beaucoup plus récente. Je la crois du règne de Marie-Antoinette. Au moins la chevelure et la draperie semblent-elles nous le dire. Les proportions deviennent moindres. Si le cou n'était pas si long ni si raide, cette statuette pourrait passer pour gracieuse.

31° Nous avons le bon, le pieux saint Roch. Vous le voyez avec son chien traditionnel et son ange gardien. Mains jointes, yeux modestement baissés, tête nue, mantelet avec pèlerine, chapeau suspendu sur le dos, habit flottant jusqu'à la hauteur du genou, un bubon de peste à la cuisse droite, petite gibecière pendue au côté, en voilà plus qu'il n'en faut pour nous donner le portrait d'un serviteur de Dieu.

32° Voilà une statue de saint Sébastien, objet d'art, du xv° siècle, que j'ai déniché dans la crypte d'une église rurale, à dix pieds sous terre. La statuette est un peu mutilée. Elle est toutefois d'une facture au moins ordinaire. L'artiste a jeté derrière le saint une figure de diable qui rampe et s'enfuit pour disparaître dans l'ombre. C'est qu'il n'avait rien à faire avec saint Sébastien. Lisez plutôt, pour renseignements sur cette âme si bien trempée, les détails si bien écrits dans *Fabiola*, roman religieux, dû à la plume savante et poétique du cardinal Wisemann, dont l'église catholique anglaise déplorera longtemps la perte.

33° Au-dessus de quatre emblêmes, faisant partie de la sorciène, se voient quatre cavaliers. — Dans notre ajustement complet, ils donnaient la vie et l'animation à ce vaste tableau. Les chevaux s'emportent ; les cavaliers les maltraitent et les surmènent. On ne connaissait pas alors la loi Grammont. — L'un de ces cavaliers est dû à mon ciseau.

34° Les quatre attiques des petites portes nous offrent

l'adoration des Mages, traitée par quatre artistes différents.
— Le petit roi futur de la Rome catholique eut une naissance à la fois bien humble et bien illustre. Il venait au monde dans une pauvre étable de Béthléem, mais du haut des cieux les anges, courriers du Très-Haut, firent entendre des chants de joie et de gloire , bien autrement solonnels que la voix du canon des Invalides. — Si, en ce monde, les fils de nos rois naissaient dans une condition aussi avilie en apparence, les adorateurs feraient défaut, croyez-moi. — Quoi qu'il en soit, les bergers entendirent le majestueux *Gloria in excelsis* et s'empressèrent d'accourir rendre hommage à ce fils de Dieu, à ce Messie, que tant de prophètes avaient annoncé. — Cependant le vieil Orient s'émut jusque dans ses profondeurs. Un signe nouveau, éclatant, venait de paraître au Ciel. Depuis longtemps l'univers était dans l'attente de quelque grand événement. La voix des prophètes de Dieu avait retenti au loin. Le vieux monde tournait avec espérance ses regards vers la Judée. On est surpris de voir comme des aspirations nouvelles dans une églogue du cygne de Mantoue. — Les temps étaient accomplis. Aussi les Mages, ces vertueux personnages qui vivaient dans leurs royales solitudes n'hésitent-ils pas. Vite ils amassent des présents et déjà ils s'acheminent vers Jérusalem, sur la foi de cette étoile mystérieuse... Nos quatre attiques sont chargées de sculptures. Elles brillent et jettent des feux comme des diamants. Partout les Mages se prosternent et adorent. Conduits par l'étoile, les voilà arrivés au terme de leur pieux pèlerinage. — La Vierge est là dans les proportions d'une reine majestueuse. Elle s'empresse d'offrir le petit Jésus à ces premiers venus d'entre les grands des nations. — Les quatre panneaux n'ont sans doute pas une valeur égale ; mais cette grande profusion de sculptures, dans de si petits espaces, frappe les regards et produit un bel effet.

35° Quatre bustes, figures en ronde-bosse, couronnent

nos attiques. Trois d'entre eux ont une certaine valeur pour l'art et l'archéologie. L'objet le plus gracieux pour nous est ce charmant buste de saint Martin. — Le jeune guerrier a un casque à panache, dans le genre de ceux qu'on donne à Alexandre-le-Grand. Ce buste appartenait, il y a peu d'années, à une statue équestre, placée dans la côtière septentrionale de l'église Saint-Martin de Mont-Bray. Fort ancien probablement, il doit dater du XIVe ou XVe siècle.

36º Je ne saurais baptiser cette tête de martyr. Mais on est frappé, en la voyant, de l'expression d'une douleur immense mêlée à une grande et belle résignation. C'est ainsi que doit finir le chrétien au milieu des tortures. — La chevelure de cette tête produit un bel effet.

37º Ce troisième buste peut représenter une sainte veuve. Pourquoi ne verrions-nous pas en elle la mère d'Augustin, l'illustre et savant évêque d'Hippone? Cette figure est pleine de foi, mais au sentiment de confiance vient se joindre une grave mélancolie.

38º Le quatrième couronnement est le buste d'un ange adorateur. C'est un de ces gros frisés pas trop mal réjouis, que nous sommes habitués à retrouver dans le sanctuaire de nos églises. Ils ne vivent pas que de la grâce de Dieu.

39º Les quatre panneaux en applique sur les petites portes sont de moi pour la conception et l'exécution. — Jésus et la femme adultère. — Il y a une inexactitude. La scène se passait dans le temple où ses accessoires et non dans la campagne.

40º Jésus et la Samaritaine.

41º Jésus lumière du monde. Je crois l'idée neuve et fondamentalement vraie.

42º Jésus bon pasteur.

PARTIE MODERNE. — PLAFOND.

Ici l'œuvre m'appartient complètement pour la conception et en grande partie pour l'exécution.

Notre plafond se compose d'une vaste rosace dont l'effet serait grandiose et éblouissant si elle se trouvait à une assez grande hauteur. — De forme ovale, elle a 3 mètres sur la longueur et 2 mètres 70 sur la largeur. — Huit lignes de sujets sculptés, partant des angles et des différents milieux, convergent vers le centre et aboutissent à la rosace ; mais comme on peut se figurer ces huit lignes traversant la rosace, en réalité elles se réduisent à quatre, deux d'angle en angle et deux de milieu en milieu.

Dans mon travail écrit, je divise le plafond en douze explorations. — Je me suis efforcé de ramener autant que possible, sous ces douze chefs, tout ce qui est essentiel pour le dogme et la morale dans l'enseignement catholique.

Au centre de la rosace, voici un cul-de-lampe avec son pendentif. Cette gueule qui dévore fait l'objet de la première exploration sous le nom de *Gouffre.*

Autour du cul-de-lampe se voient quatre panneaux régulièrement encadrés dans un ovale et symétriques, deux par deux. Ils font le thème de la seconde exploration, sous ce titre : *Les Pentes de l'Abime*

En dehors de ces panneaux vous pouvez distinguer une ceinture de figurines d'hommes et de femmes. Elle font l'objet de la troisième exploration sous ce titre : *L'Indifférence.*

Ces figurines sont à leur tour circonscrites par une chaîne non interrompue d'emblêmes de chimères, de dragons. — La quatrième exploration s'appelle : *La Circonvallation.*

Aux extrémités de la ligne courant de la cheminée à la

maîtresse-porte, on reconnaît le Père-Éternel, avec son fils crucifié d'un côté et de l'autre le Saint-Esprit. Cette cinquième exploration a pour titre : *Les Personnes Divines*.

De chaque côté des personnes divines sont assis des emblèmes de vertus théologales, de même qu'aux extrémités de la ligne transversale du Nord au Midi. La sixième exploration est consacrée aux *Vertus d'en haut*.

Voici, du côté de la cheminée, Moïse procédant du Père-Éternel et, du côté de la maîtresse-porte, l'Église catholique procédant du Saint-Esprit. La septième exploration s'appellera *Les Deux Testaments*.

Aux quatres angles se voient des statuettes portées par deux cariatides. Cette huitième exploration sera consacrée aux *Pierres angulaires*.

Entre les pierres angulaires et les extrémités de la ligne transversale sont posés des tableaux figuratifs de divers sacrements. Le titre de la neuvième exploration sera : *L'Arsenal*.

Sur la ligne transversale se voient deux figurines d'ange, couronnées de rayons : elles feront l'objet de la dixième et de la onzième exploration : *Les Promesses* et *Les Menaces*.

Enfin, voici quatre anges qui s'avancent des quatre angles, bannières déployées, armés du glaive et de la lance et se dirigeant vers la circonvallation. Donnons à cette douzième exploration le nom de *Bataille*.

> J'ai vu dans ton salon magique,
> O Le Goupils, mille beautés,
> Chefs-d'œuvres justement vantés !
> Par toi je comprends l'art antique !
> Ton *Gouffre* dévorant est le vengeur du crime ;
> Près de lui, j'aperçois *Les Pentes de l'Abîme* ;
> La sotte *Indifférence* est dans l'inaction ;
> Je te vois sans effroi, *Circonvallation*,
> Cercle d'esprits méchants ; *La Trinité divine*
> Est là pour mon soutien ; *L'Église* m'illumine
> Et *Moïse* m'instruit ; les trois *Vertus d'en haut*
> Me réchauffent le cœur ; je regarde aussitôt,

Plein d'admiration les *Pierres angulaires* ;
L'Arsenal est garni des secours ordinaires
Qui viennent de Jésus ; cet ange nous *Promet*
Que les maux sont des biens ; cet autre nous remet
La Menace aux pécheurs ; sculpte encore ! travaille !
Et des anges déjà nous voyons la *Bataille !*
Sur bois, en douze chants, tu bâtis l'univers !
D'un poëte novice accepte d'humbles vers.

(Cité du registre des visites.)

1re Exploration. — LE GOUFFRE.

42º Vous voyez cette double gueule qui fait le centre de la rosace. C'est là le premier travail de l'artiste attardé. Dans notre poëme sculptural, cette gueule a été mise là pour figurer *Le Gouffre*. En dessus de la gueule se voit une couronne de perles qui porte dans son élégi cette inscription : *Salon fait par le docteur J. Le Goupils. avec l'aide d'E. Groult (1865).* — L'objet dévoré est nu et cette nudité a soulevé des nausées chez certaines personnes. — Je ne sais point, quant à moi, quels habits pourraient convenir à ceux qui se laissent dévorer par *Le Gouffre*.

2e Exploration. — LES PENTES DE L'ABIME.

43º Cependant le Temps approche avec la faulx du moissonneur. Je vois derrière lui la sinistre chouette qui sans cesse prédit de nouvaux trépas. — Quand celui qui moissonne pour la tombe a jeté sa faulx, il se repose et calcule les instants qui restent à chacun de nous. — Les sabliers sont là qui mesurent notre filet de vie. — Les oiseaux de proie volent dans une nuée qui enveloppe la tête du Temps. Car « là où seront les cadavres, là s'assem- « bleront les aigles. »

44º La luxure et la gourmandise, ces deux grandes

plaies de l'humaine nature, ne font ici qu'un seul et même tableau. Vous voyez cette double figuie de satyre, l'une sourit à droite, l'autre sourit à gauche. — A droite, on remarque la gourmandise, symbolisée par ce Bacchus souriant au satyre et courant à travers les tonneaux et les bouteilles, à ce cabaret, dont la porte entr'ouverte permet de voir des hommes en train de boire. Cependant la cheminée du cabaret porte au nez de Bacchus des odeurs qui stimulent la gourmandise et excitent son appetit. Un soleil radieux brille au-dessus du dieu de la bouteille et nous indique que l'esprit de l'ivrogne est toujours illuminé par les vapeurs du vin. — Le pendant de Bacchus est une femme déjà trop vieille pour être jolie ; si ce fut une Vénus autrefois, ce n'est plus aujourd'hui que des débris. Cependant elle soigne toujours son admirable personne : sa tête et ses oreilles sont parées avec affectation. On la voit assise sous un arbre sans feuilles, sans fruits et même sans écorce. — Un soleil éteint montre sa pâle figure au-dessus de l'arbre. — Tout annonce la décrépitude. — La Tentation néanmoins, sous la figure du serpent, sort de l'arbre et vient encore parler à cette beauté fanée qui est et demeurera jusqu'à la fin une pauvre fille d'Ève...

45° Voici un panneau au centre duquel se voit un squelette assis sur une tiare pontificale et raclant, sur un violon, un air sinistre au bruit desquels dansent pêle-mêle des instruments. symboles des métiers, des insignes emblêmes des dignités. Tous indistinctement se mettent en branle, semblables à ces essaims de moucherons que vous avez vu se balancer, tourbillonnant dans l'air, quand le jour tend au crépuscule.....

46° Vous voyez dans ce dernier panneau un arbre : disons qu'il représente celui d'Eden auquel étaient attachées les destinées du genre humain. L'antique serpent est encore enlacé dans ses rameaux. Une balance est fixée au tronc de cet arbre. Dans l'un des plateaux est placé un être humain ; dans l'autre un âne. Un ange surveille le premier plateau ; un hibou, le second. Le serpent lui-même appuie sur le bras de levier. Le malheureux chrétien est jugé de mauvais poids. L'ange est dans la consternation et le hibou triomphe. Cependant le soleil se couche et la lune monte à l'horizon. C'est la traduction artistique du *mittite eum in tenebras exteriores*.

3ᵉ Exploration. — L'INDIFFÉRENCE.

47º *L'Indifférence* est symbolisée par cette série de figurines antiques découpées dans de vieux meubles et qui circonscrivent *Les Pentes de l'Abîme*. Elles tuent le temps en baguenaudant.

4ᵉ Exploration. — LA CIRCONVALLATION.

48º *La Circonvallation*. Levez la tête et voyez cette immense chaîne formée autour de l'Indifférence. Elle n'a pas moins de 8 mètres dans son pourtour. Des dragons entrelacés au nombre de quatre et répétés quatre fois, en forment les quatre côtés — 48¹, 48², 48³ et 48⁴. — Ceux-ci naissent de deux emblêmes auquels j'ai donné le nom d'Orgueil, mère de tous les vices et celui d'Orgueil des nations, 48⁵ et 48⁶. Deux dragons pareils accostent chacun de ces emblêmes : aux quatre angles sont autant de dragons semblables à des chiens de garde qui veillent et éloignent l'ennemi. L'ennemi pour tous ces monstres consiste dans tous les secours religieux qui sont à l'extérieur. Ils viendront en leur rang. — Le but est de les séparer des *Indifférents*. Les extrémités de la chaîne sont formés par des emblêmes du respect humain, 48⁷ et 48⁸. Parlons d'abord de l'ensemble de l'Orgueil 48⁵. C'est le

second morceau sorti de notre ciseau. Nous avons eu l'intention de représenter l'Orgueil ancien et plus ancien que le
monde. Son ancienneté est figurée par les traits vieillis de
cette altière mégère et en même temps par les hommages
respectueux que lui rendent les dragons, en lui formant
un collier par le prolongement de deux queues qui se
terminent en tête de paon. — Quoique vieux, cet Orgueil
est toujours jeune. Il porte en tête une rose à moitié
épanouie. Il a des oreilles fantastiques. Sa poitrine est
puissante, ses mamelles accusées. Entre celles-ci est un
écusson de noblesse : une pomme ou la cause, et une tête
de mort ou la conséquence. — Vous voyez naître de lui
comme des branches qui se détacheraient d'un arbre. —
La première branche sur la droite (1o) se termine par une
figure dont l'œil se ferme à demi comme celui du chat qui
guette la souris ; le nez est effilé commé chez les oiseaux
rapaces ; les lèvres sont amincies ; les rides sont multipliées.
Deux plumes derrière les oreilles comme chez un teneur
de livres. — L'Avarice est assez vieille pour avoir ses armoi-
ries. Elle débuta dans le monde avec Caïn, l'homme aux
maigres sacrifices. Donc au-dessus de cette tête est un
serpent qui s'enroule autour d'une pièce de cinq francs
qu'il grignotte au fond d'une cave. — A gauche, comme
pendant de l'Avarice, est une figure d'un autre genre (2o).
Yeux flamboyants, bouche grimaçante, lèvres sorties. Deux
serpents s'agitent dans les cheveux crêpus ; c'est la colère.
— La troisième branche (3o), la seconde sur la droite,
montre une figure moitié féline, moitié humaine. Elle a
des oreilles de chat dont l'une couchée et l'autre en éveil.
Le regard est frappé de strabisme divergent :

Là gît la sombre envie à l'œil timide et louche.

En-dessus la fable du *Renard et des Raisins.* — Le pendant de l'Envie est ce nouveau personnage (4o) qui bâille
à se luxer la mâchoire. Il n'a encore qu'un œil d'ouvert :

il est coiffé d'un ample bonnet de coton. On lui voit pousser des oreilles d'âne. En-dessus de la tête un lézard couché sur un matelas. — En traversant la rosace vous voyez cette grosse matrone 48⁶ couronnée de tours, le front ceint de lauriers, une aigle à deux têtes sur la poitrine de laquelle pend une espèce de croix d'honneur. C'est l'Orgueil des Nations. — On lui a joint divers emblêmes politiques.

5ᵉ Exploration. — LES PERSONNES DIVINES.

49o¹ On voit, comme naissant de la cheminée, un vieillard. — De la coiffure tombent des draperies qui flottent sur les épaules. Le vieillard s'appuie fermement sur une croix où est attaché son fils crucifié. — 49². A l'extrémité de la ligne, au-dessus de la maîtresse-porte, se voit, en face de Celui qui engendre éternellement et de Celui qui est engendré éternellement, Celui qui éternellement aussi procède de l'un et de l'autre, ou l'Esprit. Vous voyez cette colombe, emblême par excellence de l'amour et de la pureté, aux blanches ailes. Les ailes sont éployées; une fournaise lui naît du bec, de la tête et des yeux. Sept rayons se terminent par autant de sujets qui éclatent au sommet de leur course. On lit sur les rayons : Piété, Sagesse, Intelligence, Conseil, Force, Science, Crainte de Dieu. La Piété brille et éclate dans Agnès, la Sagesse dans Salomon, l'Intelligence dans Bossuet, le Conseil dans l'auteur de l'*Imitation du Christ*, la Force dans Chappedeleine, la Science dans Augustin et la Crainte de Dieu dans Jérôme. Les panneaux des personnes divines sont l'un et l'autre couronnés d'un chiffre nouveau de la Trinité. J'ai figuré le Père ou la Providence par une main, le Fils ou la Rédemption par un cœur, l'Esprit ou la lumière par l'œil. — Idée nouvelle qui m'a demandé de très-longues méditations.

6e Exploration. — LES VERTUS D'EN HAUT.

50o Notre *Catholicum* compte dans le plafond six panneaux des vertus théologales. Ils proviennent de deux bahuts trouvés à Turqueville, l'un d'eux nous a fourni trois magnifiques emblêmes, celui 50^1 qui est assis à gauche du Père-Éternel et les deux qui accostent le panneau de l'Esprit 50^2 et 50^4. Une idée élevée a présidé à la conception de ces trois emblêmes. Vous les voyez assis sur des nuages et nous indiquant, par cette attitude même, que les objets représentés ne sont point de ce monde — Chacun veut une description particulière. — La Charité 50^1, qui approche Dieu le Père, tient de la main gauche un cœur embrasé. Elle l'élève et le livre avec amour. La poitrine est nue et les seins découverts. La main droite serre et ramasse contre la poitrine un enfant qui se désaltère à longs traits. Un second enfant cherche à s'élever pour s'emparer de l'autre mamelle. — La Foi 50^2 s'appuie fermement de la droite sur l'arbre de la croix; de la gauche, elle montre avec sécurité les Tables de la Loi, règle de sa croyance et de sa conduite. L'attitude est fière, mâle, énergique. — Arrière le respect humain. Grande élévation d'idées, bon dessin, ciseau bien conduit. — L'Espérance 50^3, à son tour, élève de la main gauche une ancre et la montre de la main droite. En général les artistes qui traitent ce sujet sont plus portés à échouer qu'en traitant les sœurs de l'Espérance. — Pourquoi cela? C'est que l'espérance n'est pas la réalité. — Les trois autres emblêmes des vertus, fournis par un autre bahut, 50^4, 50^5, 50^6, sont plus vulgaires et ne méritent pas une description à part. — Quatre sur ces six panneaux se couronnent d'un chiffre commun. Il est de l'atelier, mais conçu d'après les idées usuelles. — Le 50^5 et le 50^6 ont un chiffre plus nouveau et qui n'existe qu'ici.

7ᵉ Exploration. — LES DEUX TESTAMENTS.

51o1 Voici, comme procédant du Père-Éternel, un personnage majestueux qui s'avance vers l'humanité indifférente, portant sur la poitrine des tables revêtues d'inscriptions. Deux jets de lumière lui jaillissent du front. Cette statuette est assise sur un monceau d'idoles fracassées. — Tout le monde a déjà reconnu et nommé Moïse, le conducteur, le libérateur et le législateur du peuple de Dieu.

51o2 Parlons de cette femme qui, procédant à son tour du Saint-Esprit, est assise et regarde l'humanité. Décrivons-là avec soin, car nous attachons une valeur toute particulière à ce morceau d'art, dû à notre inspiration et à notre ciseau. La figure ne manque pas de noblesse ; son regard est assuré. Vêtue d'une robe longue et flottante, elle est coiffée d'un bicorne sur lequel vient se reposer une colombe. Assise sur un rocher, du pied droit elle réduit un dragon à l'impuissance. La position du pied gauche indique cependant qu'elle est toujours disposée soit à marcher, soit à se lever pour la lutte. L'index de la main droite montre fermement un Christ en croix planté sur le rocher au pied duquel elle est assise ; le coude du bras gauche s'appuie sur une double table qui elle-même repose sur des livres où on lit *Biblia sacra, etc.*; tandis que la main élève hardiment un flambeau dans les airs. De la croix se détache un oriflamme qui vole au vent. On y voit dessiné un navire, avec le buste de Saint-Pierre en proue et le pontife romain au gouvernail. Les personnes, même les plus rebelles au symbolisme, ne se refuseront pas à voir dans ce travail une personnification de l'Église catholique.....

8e Exploration. — LES PIERRES ANGULAIRES.

L'Eucharistie, ou la nourriture de l'âme par le Christ, la prière ou l'adoration, la pénitence ou la reconciliation, la parole ou l'exhortation, nous donnent les pierres angulaires de notre édifice religieux.

52o1 Un mot sur les cariatides. Elles appartiennent au *genus unicomicum* des écrivains sacrés. On les voit faire des efforts désespérés pour soutenir une statuette qui leur rappelle de cruels souvenirs. Toutes deux sont mariées ensemble et se terminent par une longue queue de poisson. Ces cariatides offrent une inscription relative au dogme eucharistique. — Mais nous apercevons porté par ces monstres une figure calme et sereine. Cette statuette n'est pas une merveille, mais elle rend notre idée. Ce personnage est vêtu comme les anciens de la primitive église. On le voit présentant l'hostie et tout disposé à communier les fidèles, etc... 52 2 Voici encore deux hideuses cariatides, pieds de bouc et cornes de bouc. Ces gens, je m'imagine, ne priaient pas souvent Dieu sur la terre et ainsi ils sont devenus dans l'autre vie des bêtes immondes et infectes.— Entre les cariatides se trouvent les prescriptions du maître concernant la prière. — On voit s'élever la statue du fils de l'homme de la terre. Les mains sont élevées et dans l'attitude suppliante. Nous avons cherché, nous avons essayé, et peut-être avons-nous réussi, à donner à cette figure l'extase de l'homme s'entretenant avec Dieu. 52 3 Ces cariatides sont plus hideuses encore, s'il est possible. Les cheveux sont crépus et en désordre : l'aliénation mentale se lit dans les traits de leurs visages. Les pieds sont empruntés à des harpies. Sur ces monstres se dresse la statue du prêtre catholique, prononçant l'absolution. Il a la main levée, prête à délier. Les vêtements sont fatigués : c'est que ce zélé missionnaire vient de répandre des sueurs abondantes en poursuivant les brebis égarées. 52 4 Nous tenons la quatrième pierre angulaire. Ces deux cariatides appartiennent au genre *chien*. Elles ont bien calomnié les prêtres ; elles ont bien médit des gens religieux, lâchement aboyé, que l'on me permette le mot, après ceux qui annonçaient la parole de Dieu. — L'orateur chrétien s'élève au-dessus. Il nous dit « hommes, mes frères, le Seigneur » nous a commandé de prêcher au peuple. — Apprenez » donc, ô chrétiens, la sublimité de votre vocation et soyez » fidèles. »

9ᵉ Exploration. — L'ARSENAL.

53o1 Décrivons notre tableau: Il se compose du sujet principal et de trois appendices en forme de couronnes. Mais donnons d'abord l'inscription qui circonscrit le tableau et qui se trouve dans l'élégi du cadre. « Paul a « dit : Ce sacrement est grand en Jésus-Christ. L'homme « est l'image et la gloire de Dieu ; et la femme est la « gloire de l'homme. » — Ce sacrement est grand aux yeux de l'Église. Voici, en effet, deux époux qui se jurent une foi inviolable devant le ministre des autels. Les parents assistent à cette pieuse cérémonie. « L'homme est « l'image et la gloire de Dieu. » Pourquoi l'image ? C'est Dieu lui-même qui nous l'a appris. Pourquoi la gloire ? C'est que Dieu auquel il ne manque rien dans son éternelle béatitude n'eût pas créé l'homme, s'il n'eût pas jugé cette création digne de sa gloire. Ces premières idées sont rendues dans ce vitrail que vous découvrez sur la droite de l'autel. Vous voyez le Père-Éternel occupé à arracher le premier homme du sein de la terre et à le pétrir comme l'artiste fait d'une terre molle et malléable à laquelle il entend donner une forme déterminée. La figure de son Fils, du Verbe devant se faire chair, sert de modèle au

Créateur. L'Esprit assiste à cette création et va animer de son souffle divin ce bloc d'argile. — On lit dans le pourtour du vitrail : « Faisons l'homme à notre image et à notre ressemblance. » — « Mais la femme est la gloire de l'homme. » Rappelons d'abord que Dieu l'a créée pour l'homme. Et pourquoi donc cette compagne est-elle devenue la gloire de l'homme? C'est qu'en s'unissant à la femme, l'homme créé à l'image de Dieu a le pouvoir de maintenir l'œuvre de la création, en *procréant* son semblable. Vous découvrez sur la gauche un second vitrail : voilà un homme en admiration devant son épouse autour de laquelle sont comme autant de grappes de raisin une multitude d'enfants, avec cette inscription : « Son épouse « est comme une vigne luxuriante de fruits, logée dans les « parois de sa maison. » — L'appendice qui couronne le tableau montre un nid d'oiseau plein d'œufs. Voilà l'espérance de la famille. « Croissez et multipliez. » — La position de l'ancre dans les autres appendices montre que dans la vie humaine le but que l'on poursuit par le mariage varie comme les individus. — Le ciel et la terre. — D'un côté : « Mon secours vient de Dieu. » De l'autre : J'ai dit à la pourriture : Tu es ma mère. »

53² Mais notre nichée d'œufs est éclose : C'est ce que nous voyons dans cette couronne superposée au tableau du baptême. — Les cérémonies se célèbrent au pied de la croix. Dans deux vitraux se voient le baptême du Christ par Jean et la famille d'adoption du nouveau chrétien, la Sainte-Trinité elle-même, où l'on voit figurer la Mère auguste serrant l'enfant Jésus contre son cœur. Voici les appendices de droite et de gauche. Dans la première est représentée une famille d'oiseaux qui s'envolent vers une couronne que l'on distingue dans les nuages. Cependant un oiseau reste seul à terre occupé qu'il est à chercher avec empressement une nourriture périssable, tandis que ceux qui ont pris leur volée vers les espaces célestes

disent avec l'apôtre : « Pour nous, nous recevrons une
« couronne incorruptible. » — La seconde appendice nous
sourit comme idée poétique et philosophique tout à la fois.
Nous y voyons une série d'oiseaux de nuit et d'insectes
vils et nocturnes. Un oiseau, un oiseau seul, mais c'est un
aigle, se détache de la bande ténébreuse et s'envole. On
voit qu'il veut se plonger dans le soleil, image de la vérité
éternelle. Je ne veux pas, dit-il, habiter avec tous ceux-ci :
ils ont renversé l'ordre naturel. « De la nuit ils font le
jour : *Noctem verterunt in diem.* » Pour moi j'aspire à des
destinées plus nobles ; demeurez dans votre obscurité, je
vais me repaître de lumière. — J'eus un vertige de
bonheur, quand cette idée vint à saillir dans mon esprit.

53 ⁵ Un mot sur ce tableau où la Confirmation et l'Ordre
sont à la fois figurés. Chacun sait que ces deux sacrements
sont administrés par l'Évêque. Le sacerdoce est figuré
dans ce tableau, sur la droite, par Jésus-Christ donnant
les clefs à saint Pierre, sacerdoce à sa plus haute puissance! La Confirmation est symbolisée dans ce tableau,
sur la gauche, où l'on voit l'Esprit descendant sur Jésus
en prières, après son baptême. Les soins du sacerdoce
sont figurés, dans l'appendice de droite, par cette poule
qui appelle ses petits, mais déjà ce cochet et cette jeune
poule, coiffés, comme on l'est à l'âge de quinze ans,
jettent un regard de mépris sur la poule et s'en vont au
large. La Confirmation doit avoir avant tout pour but de
nous munir contre le respect humain. C'est ce que va
faire voir l'appendice sur la gauche. Voici une poule portant sous l'aile un panier plein d'œufs : C'est sa provision
de mérites et de vertus. Elle ramasse sa vie avec ardeur
au nez et au bec de trois grands vilains oiseaux que voici
plantés debout et qui rient d'elle.

53 ⁴ Voici un lit en forme de dais, à l'usage de nos campagnes, grandes tentures, amples rideaux, colonnes torses.

Dans la venelle se voient, collés à l'appareil, un Christ fleuri d'un rameau béni, avec une image de la Vierge immaculée et de l'Ange Gardien. Sur la serge pendante est brodée la parabole de l'Enfant-Prodigue : on le voit quitter les pourceaux et se jeter à genoux devant le père de famille ému et les bras ouverts pour le recevoir. Aux pieds du lit se trouve un tableau figurant deux athlètes antiques s'oignant d'huile pour se préparer à la lutte ; à la tête est pendu un autre tableau représentant la lutte et le triomphe de Michel sur l'esprit des ténèbres. — Sur le lit est étendu un moribond, sa main gauche est pendante et serre un Christ ; le prêtre lui tient l'autre main, et lui-même, dans une attitude noble et élevée, lui fait une chaleureuse exhortation. — Aux pieds et à la tête du lit se voient deux groupes animés..... Les appendices figurent l'un l'armure du chrétien, et les deux autres le sort réservé aux bons par cette colombe qui s'échappe du cercueil ; aux méchants, par ce dindon à la broche que trois renards font rôtir.

10e et 11e Exploration. — PROMESSES ET MENACES.

54º et 55º Deux anges couronnés de rayons se font opposition sur la ligne transversale. La Promesse, 54, donne les béatitudes. La Menace, 55, c'est l'opposition.

12e Exploration. — LA BATAILLE.

Cependant voici à leur tour les légions célestes qui se mettent en mouvement et travaillent, comme des héros pleins de courage et de valeur, à briser ces enclaves qui nous retiennent assiégés près de la gueule du *Gouffre*. Naissant des quatre angles quatre anges intrépides et armés de glaives ou de lances meurtrières, faisant flotter dans les airs le labarum du salut, s'avancent résolument contre la *Circonvallation*. — Nous avons voulu donner à ces anges des expressions qui diffèrent et nous croyons avoir véritablement réussi. On peut étudier leurs figures avec soin et on se convaincra facilement que leurs âmes n'obéissent pas aux mêmes sentiments. Appelons ces anges du nom des pierres angulaires. 56 [1] L'ange Eucharistique a la figure décidée. Il vole gaiement au combat. On dirait de Michel se rappelant ses anciens et glorieux triomphes. — L'ange de la Prière à son tour, 56 [2], est plein de mélancolie : en volant contre les esprits infernaux, il semble se dire qu'il va contre d'anciens frères qui ont eu le malheur d'élever l'étendard de la révolte. Peut-être se fait-il cette réflexion douloureuse que lui-même eut comme la velléité de tremper dans l'insolente conjuration de Lucifer. Ces cruels souvenirs jettent sur son visage une noble amertume. Cependant il arrive courageusement et déjà même son épée est prête à faire une trouée dans la *Circonvallation*. — L'ange de la Pénitence, 56 [3], a le mépris peint sur les lèvres. Les lâches déserteurs du devoir doivent selon lui être traités sans merci et plus sa lance pourra en percer, plus son âme sera joyeuse. — L'ange de la Parole, 56 [4], a la bonhomie et la naïveté d'un brave troupier qui obéit à la consigne et qui marche sans faiblir du côté où il est dit de marcher. On lui a dit de tuer et de fusiller ; il tuera et fusillera sans joie comme sans amertume. Si l'on veut bien se donner la peine d'y réfléchir, on conviendra que toute ces physionomies se retrouvent au moment que les batailles s'engagent. — Chaque ange, se rappelant son point de départ, développe sur son drapeau le dogme de chaque pierre angulaire. Ce meuble central placé au milieu de l'appartement est le commencement d'un travail compliqué que j'achèverai peut-être un jour. — Les panneaux donnent les Apôtres — les Prophètes sont figurés dans les chapiteaux.